いけばなの歴史

　京都の中心部にある紫雲山頂法寺六角堂は、聖徳太子が用明天皇2年（587）に創建し、初代住職には小野妹子が就いたと伝えられています。以後、代々の住職によって、聖徳太子の持仏であった如意輪観世音菩薩を本尊とし、花を供してきました。

　歴史文献上、初めて池坊の名が記されたのは『碧山日録《へきざんにちろく》』（東福寺の禅僧の日記）で、ここに池坊専慶が登場します。寛正3年（1462）には、「専慶が金瓶に草花を数十枝挿したところ、京中の好事家《こうずか》が競って見に来た」「専慶が菊を折って瓶に挿したところ、その妙技に皆が感嘆した」という記述が見られ、専慶が花をいける技術に秀でていたことがうかがい知れます。

　16世紀、池坊専応が活躍し『専応口伝』を相伝しました。特に注目されるのはその序文で、ここに初めて花をいけることの哲学・思想が述べられました。このことによりただ瓶に花を挿すという行為や楽しみであったいけばなは、求道の精神を持つ「華道」へと昇華しました。六角堂が「いけばな発祥の地」といわれることや、華道家元池坊が「〜流」や「〜派」の付かない「華道」の「家元」であることも、こうした歴史に基づいています。

　17世紀に活躍した二代池坊専好は、いけばなで初の様式となる「立《りっ》花《か》」を大成しました。二代専好は花の技術に長けており、宮中で開催された立花会においては、指導役として度々宮中に招かれるほどでした。また、二代専好が立てた立花は絵師によって写し取られ、手本として貴族間で貸し借りが行われました。その立花図『立花之次第九拾三瓶有《りっかのしだいきゅうじゅうさんべいあり》』は今も池坊に残されており、重要文化財の指定を受けています。

　以降も池坊は花の名手を生み出し、生花《しょうか》の展開、女学校での指導などを行いながら発展を続け、現在は自由花、生花（正風体・新風体）、立花（正風体・新風体）の三つの花型を軸に、日本を代表する伝統文化として、いけばなを世界中に広めています。

自由花とは

自由花は、発想を形とするために用いる手法、構成、素材などが自由に設定できる花型です。

しかし、草木の自然美が損なわれてはいけばなとはいえず、花材が生き生きとしていることが大切です。ただ「草木を使っただけの芸術作品」にならないよう気を付けなくてはなりません。

花は美しく、誰もが身近に飾りたいと思うものです。庭の花を手折り、他の草木と共に瓶に挿して楽しむことは、ごく普通に行われてきました。「自由花」という名称が使われるようになったのは近代になってからのことですが、形にとらわれず自由に花をいけることは、古くから行われていました。

室町時代～安土桃山時代になって立花様式が生まれると、華道では型が重視されることとなりますが、だからといって自由な花がなくなったわけではなく、季節や行事に合わせて生活空間を彩ってきました。従って、自由花は歴史の浅い最近の花というより、実はいけばなに様式が生まれるずっと前からあったともいえます。

海外との交流が盛んになると、欧米風の生活スタイルが定着し、フラワーアレンジメントの人気が出てきました。花を足していくフラワーアレンジメントに対し、いけばなは花を省略していくといわれています。ここに、長い歴史の中で育まれてきた日本の美感があります。水墨画では余白が、能や狂言では間《ま》が効果を発揮します。これらと同様に、いけばなでは花材同士の空間による粗密や強弱が作品に表情を生み出します。何もない部分を無駄と考えず、何もない部分をも作品の一部と捉えて構成していくところが、伝統的美感といえます。

自由花はさまざまなことが自由ですが、草木の美しさを生かし、伝統的美感をもととすることを心に留めておく必要があります。

花材の見方

植物の美しさは各所に宿っています。一番目を引くのは花ですが、茎や枝の曲がり、葉の質感などにも注目すべき表情があります。いけばなにおける表現は、草木の姿を生かすことにありますが、自由花では花・葉・枝それぞれの部分に着目し、その部分だけを取り出して用いることもできます。

植物の特徴を引き出すには、花をよく観察するところから始まります。あらゆる角度から草木を眺め、一番よい表情を見つけます。普段はあまり見ないような葉の裏を見たり、場合によっては切ったり曲げたりもします。茎や枝は、曲がりや動きを見て1本を印象的に使ったり、あるいは複数本を交差させてみたり並べたりもします。

全体から部分、部分から全体へと視点を移しながら、植物の美しい部分を探りましょう。

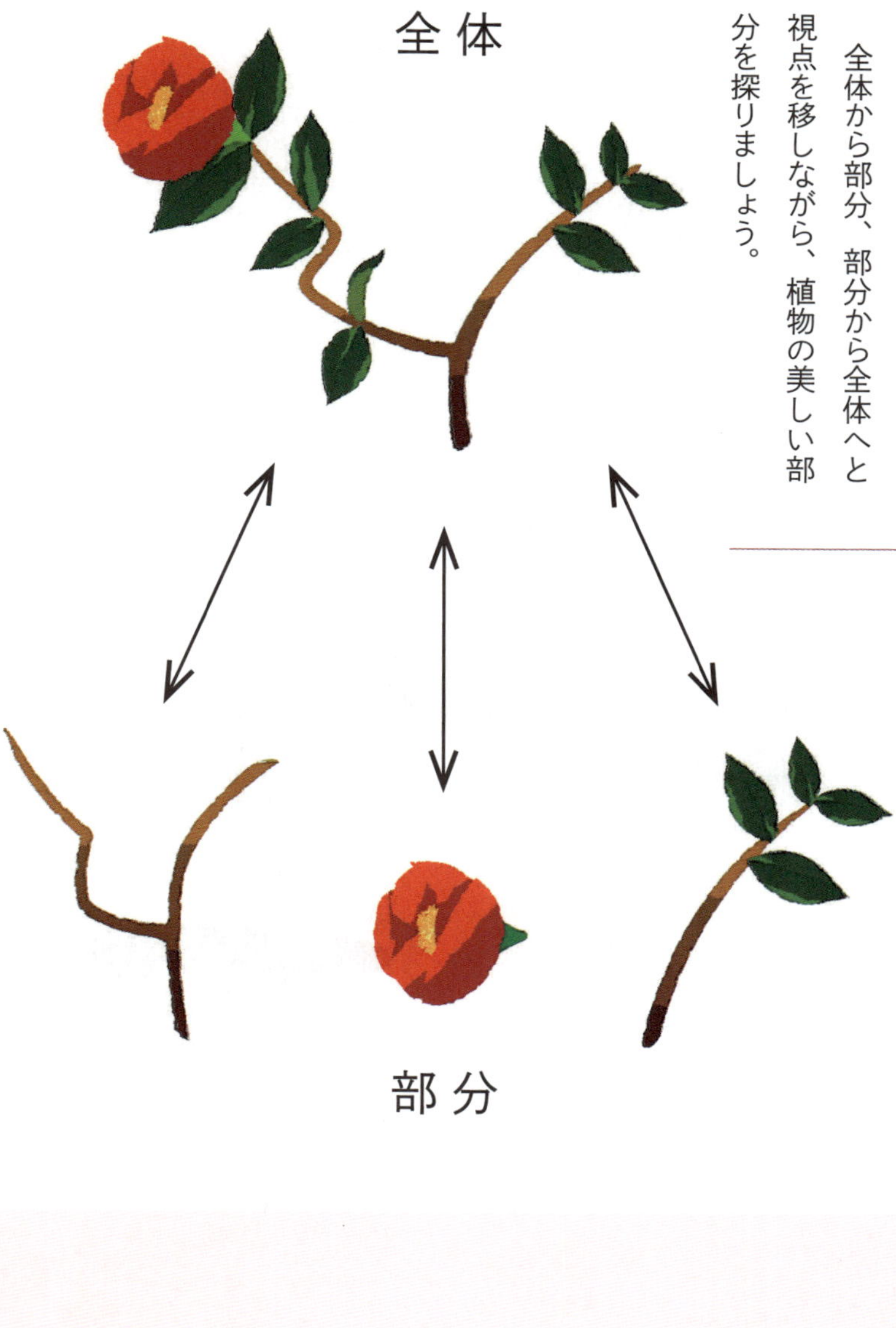

花器と花留

通常、いけばなでは花器が使われます。花器にはさまざまな色、形、素材があり、花器から発想を得て作品を制作することもあります。花器と花材の調和により作品の仕上がりが左右されるため、花器もまた作品の一部であるといえます。

花器は、植物に水を供給するものとして用いられます。生花や立花では、一般的に20～30センチの高さのものが使われますが、自由花では花器の高さは関係なく、さらに花器でないものを使うことや、花器を用いないという選択肢もあります。ただし花器を使わない場合には、植物へ水を供給するための工夫が必要となります。こうした創意工夫を考えるのも、自由花の楽しみの一つですが、それはあくまでも表現のための手段であり、目的ではないということを覚えておきましょう。

花留は、一般的には剣山や吸水性スポンジが使われますが、花材が固定できるものであれば、何を用いてもよいのが自由花です。例えば、枝を組んだもの、針金を丸めたもの、葉を重ねたものも花留になります。ここでも花留の工夫が制作の目的にならないよう注意しましょう。

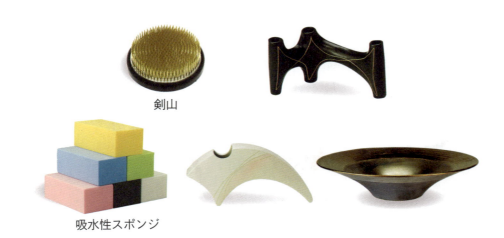

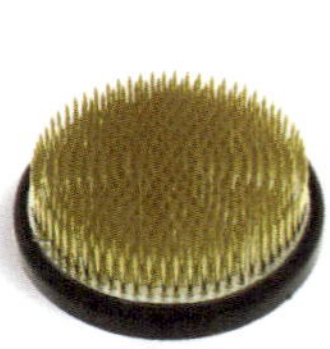

剣山

吸水性スポンジ

構成

構成とは、作品を制作する上の要素とその組み立て方です。

要素は、植物が持つ「線」「面」「点」「マッス」の部分や「直線」「曲線」の部分で、草木の質感や色などの特徴も要素となります。これらの要素を捉え、数種類の花材と花器を取り合わせることが、制作の第一歩となります。

取り合わせでは、同じ要素を持つもの同士を同調させる場合と、違う要素のものを対比させる場合があります。どちらも制作目的に応じて使い分け、完成させていきます。

取り合わせの例は次の通りです。

同調：青い花に紫の花を合わせる
　　　動きを合わせる
　　　形を合わせる、など
対比：線に対して面
　　　直線に対して曲線
　　　青い花に対してオレンジの花、
　　　など

同調は単調になりやすく、対比は主体がわかりにくくなるので、実際にいける時は、花の色を合わせながら動きを変えるなど、一つの作品の中で同調と対比を組み合わせて行います。

また、制作する上ではこうした要素の取り合わせを行う一方で、「たて」「ななめ」「よこ」を意識して花器の形や花材の並びを考えます。

例えば、「たて」は勢いを、「ななめ」は動きを、「よこ」は広がりを感じさせることができますが、これらを制作意図に応じて選択、あるいは複合させて、全体の姿を組み立てていきます。

挿し口についても、広げる、一つにする、奥行きを出すなど、表現に合わせて考えます。

主役と脇役

前ページでは、作品を構成する過程を、「要素の取り合わせ」と「組み立て方」で考えましたが、「主役」と「脇役」から考える方法もあります。

作品制作に際しては、自分の最も表現したい内容（物語）を頭に思い描き、主役となる花に思いを託します。また同時に、主役を助ける脇役としての花材や、舞台（世界）となる花器などについても考えます。

主役から内容（物語）や舞台（世界）を発想したり、舞台（世界）から主役や内容（物語）が生まれたりすることもあるでしょう。

映画やドラマでは、優れた主役が作品を成り立たせる場合もあれば、優れた脇役が作品を支える場合もあります。また、舞台となる世界観が作品の中心になることもあります。最も大切なのは主役・脇役・舞台のバランスで、これが崩れると違和感が生じます。

自由花制作でも同様のことがいえます。

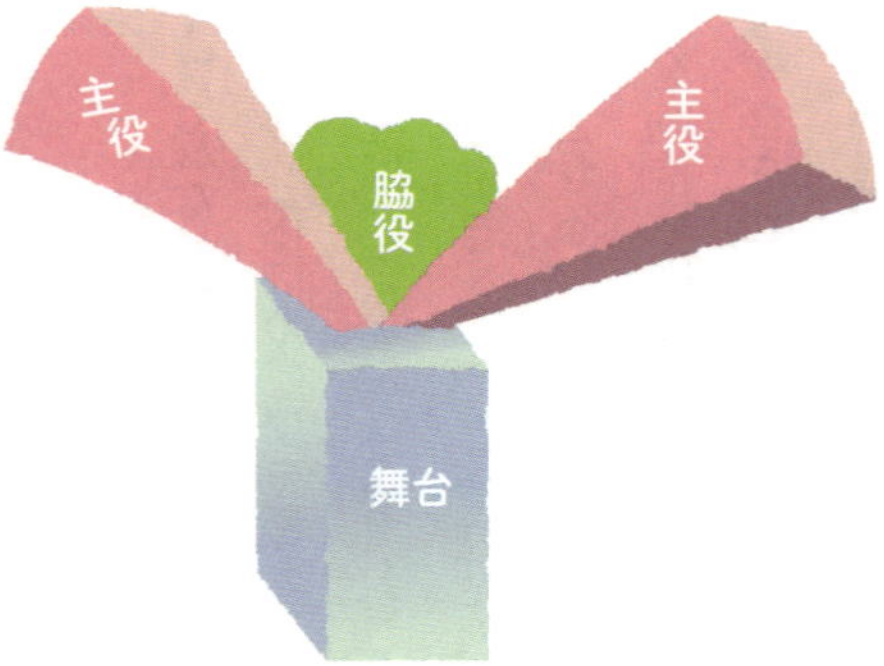

「まとめる」と「際立たせる」

5ページで、要素の取り合わせとして同調と対比について述べましたが、実際の制作ではこれらの手法を含めた「まとめる」と「際立たせる」を行います。一見すると正反対のことのように感じられますが、次のように言い換えるとわかりやすいと思います。

統一感のある「まとまり」の中に、草木の美しさや生命感を「際立たせる」。

「まとめる」からこそ「際立たせる」ことができ、「際立たせる」ために「まとめる」必要があります。

「まとめる」ためには同調のほか、集合や混合があり、「際立たせる」ためには対比のほか、省略や抽出などが行われます。

特に、伝統的美感を有する池坊のいけばなは、美しさを「際立たせる」技に長けており、陰陽、強弱などによる対比、空間を作るための省略、撓《た》めることによる動きや形の抽出は、古くから立花や生花で行われてきました。

「まとめる」や「際立たせる」では、色・形・質を同時に捉え、何を「まとめる」のか、何を「際立たせる」のかを複合的に考えなくてはなりません。さらに、花器選びも平行して行うこととなります。そこで、まずはシンプルな組み合わせで「まとめる」ことを学習し、次第に「際立たせる」ことを考慮しながら、作品への思いを深めていきましょう。

自然美と造形美

いけばなで扱う植物には、さまざまな美が潜んでいます。花の色や形の美しさはもちろん、茎や枝がなびく線や動きの美しさ、葉の葉脈や艶やかな質感の美しさ、そして全体の姿が見せる美しさなどです。

どの部分に、どのような美を見いだすかは作者に委ねられています。ここで注意しておきたいのは、作者だけが美しいと感じていては意味がないということです。芸術の分野では、後に芸術性が評価されることがありますが、植物は永遠のものではありません。いけばなは、いけたその時に美しいと感じられなくてはならないのです。個性は発揮されるべきですが、多くの人に理解されなければなりません。人々の生活や暮らしと共に歩んできたからこそ、いけばなは伝統文化として大切に守り伝えられているのです。

自然美

自然美は、生命感に溢れた草木が見せる表情の美しさです。「生き生き」「伸び伸び」「つやつや」とした姿が自然美を感じさせます。自生している草木を切り出し、そのままで美しいこともありますが、美をより明確にするために枝葉を整理したり、さばいたりします。また、栽培されている花材の場合は、まっすぐな茎を曲げたり、葉が風で破れたように細工したりするなど、あたかも自然にあったかのように表情を創り出していきます。そのためにも、普段から自然の植物を観察する習慣を身に付けるとよいでしょう。

また、自然が創り出した意匠美を生かす方法もあります。例えば、葉の面の美しさを生かすために、上ではなく正面に向けて用いるなど、表現に応じて個々の花材の色、形、質を本来の生育する姿とは異なる用い方で生かします。

造形美

造形美は、植物に細工することで新たな美の部分を創ることです。自然的ではなく、造形的に曲げたり切ったりすることで面白みを持たせ、美につなげていきます。この時、造形を目的とし、単に一素材として扱うと、植物を傷めているように見える場合があります。あくまでも生命感を大切にすることを第一とし、植物の持つ特徴を生かしながら手を加えていきましょう。

制作する作品に自然美を求めるか造形美を求めるかは、制作意図とその効果をよく考えて選択します。

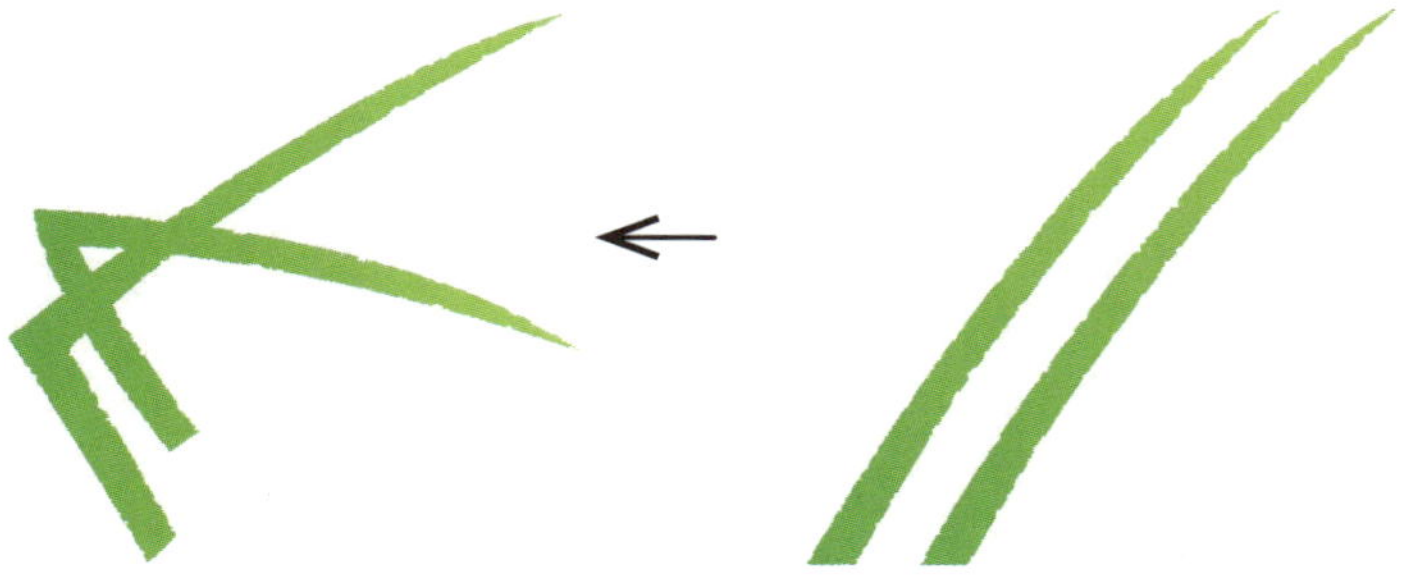

異質素材・加工素材

自由花では、生きた植物以外を使うこともできます。目的は、草木の生命感をより引き出すためです。ここでも、異質素材・加工素材を使うことが目的にならないように注意しましょう。

異質素材は、紙、プラスチック、鉄、石などで、それぞれの素材の持つ特徴を捉えて効果的に用います。色、形もさまざまで、世の中のあらゆるものが素材となり得ます。これらを利用することで花器を自作することや、構築することで花器を使わない作品を制作することも可能です。新素材は次々に出てくるので、これらを見つけることも自由花の楽しみの一つです。

加工素材は、植物を乾燥させたものや、着色や脱色を行った素材です。流通しているものもありますが、乾燥させるだけなら自分でも簡単に作れます。種類にもよりますが、お稽古後の花材などを風通しの良い所に逆さにつるしておくと数日で完成します。さらに、表現に応じて乾燥させた花材に着色することも可能です。

加工素材の特徴は、植物素材でありながら、生きた植物にはない質感や色があることです。両者を対比させることで、新たな生命表現が生まれます。

今日、加工技術の発達で誕生したプリザーブドフラワーが普及し、生の素材感が長持ちするため大変な人気です。しかし、移ろう命の美しさを見せるいけばなでの使用は、よく考える必要があります。生きた植物を引き立てることができればよいのですが、生きた植物と見分けが付かなかったり、生きた植物の代わりに使ったりするのであれば、それは果たしていけばなと呼べるのか、というところから議論を始めなければなりません。

飾る環境

かつて、花を飾る場所は床の間が主流でした。床の間には本勝手と逆勝手があり、生花や立花はこの勝手に合わせた姿でいける必要があります。

一方、自由花には定まったスタイルがありません。床の間に置く場合にもルールはなく、掛け軸などを妨げず、来客があれば客の位置を考慮し、床の間の雰囲気に合っていれば問題ありません。

むしろ自由花は、さまざまな場所に合わせて作品の構成を変えることができるため、床の間以外の多様な場所に飾ることが可能です。

場所に応じて大きさや表現を考える、自由花が飾れる場所を見つける、あるいは飾る場所を作り出すといった工夫は、すべて創作への意欲につながります。

花を飾る場所としては、玄関や食卓・リビングのテーブルの上などが考えられます。また、壁に掛けたり天井からつったりすることもできます。

また、これまでは、取り合わせや構成など、作品だけに注目していましたが、飾ることを考えると、次に視点の問題が出てきます。

作品の見方としては正面から見る他に

・上から見下ろす
・下から見上げる
・四方から見る

などが挙げられます。

生花や立花は、水際がきれいに見える位置から眺めますが、自由花は飾る場所によって視点が変化します。この点も考慮しながら、制作に臨みましょう。

自由花は、自由であるがゆえに考えることが意外に多くあります。しかし、大切なのは「いけたい」という心です。1本の枝、1輪の花がもたらす幸せを作品に託してください。

たての構成

作例A

立ち伸びる草花を素直にいけます。まっすぐに、ひたむきに生きようとする姿が見えてきます。

作例B

しょうぶとカラーの長さに差をつけて使いました。長短をつけることで、しょうぶが伸びやかに感じられます。

たての持つイメージは、

・伸びやか
・すがすがしさ
・エネルギッシュ
・素直

などです。制作意図がこれらに合う場合は、たての構成が有効です。

A

花材：千日紅、とくさ、ソリダゴ、ビブルナム、ミニひいらぎ

B

花材：しょうぶ、縞ふとい、カラー、なでしこ

教授者印	要　点	花　器	素　材	年　月　日

感　想

ななめの構成

作例A

花器とバラの色を合わせて統一感を出す中、ななめの構成でバラの表情を際立たせます。バラは葉を省くことで、線の美しさを出しました。

作例B

赤いミニアンスリウムを3本ななめに使うことで、色と動きに統一感を持たせました。同じ花でも、並べることでそれぞれの表情の違いが見えてきます。

ななめの持つイメージは、
・動感
・弾み
・リズミカル
・シャープ
などです。制作意図がこれらに合う場合は、ななめの構成が有効です。

B

花材：ミニアンスリウム、かすみ草、花とうがらし、ベルセリア

A

花材：バラ、ビブルナム

教授者印	要　点	花　器	素　材	年　月　日

感　想

よこの構成

作例A

花器口に白い花、伸びやかに伸びた枝の先には黒い実。互いがよこに並ぶことで、白と黒が引き立て合います。

作例B

つるうめもどきを左右に構成することで、広がりを感じる空間の中にオレンジの実が遊ぶ面白さが出ました。

よこの持つイメージは、
・穏やか
・安定感
・ゆったり
・伸びやか
などです。制作意図がこれらに合う場合は、ななめの構成が有効です。

A

花材：ブヴァルディア、ビブルナム

B

花材：つるうめもどき、スキンミア、トルコぎきょう、ゴールデンスティック、オクロレウカ

教授者印	要　点	花　器	素　材	年　月　日

感　想

自然美

作例A

朝もやの中、睡蓮が水面に咲く表情を捉えました。縞ふといの線、けむり草のマッス、睡蓮の葉の面、それぞれの色を抑えることで、花の色が鮮やかに浮き立ってきます。

作例B

花を低く扱い、長い葉のオクロレウカをななめに入れることで、野に咲く花の上に、爽やかな風が吹いているようです。色の濃い花器がオレンジの花を美しく見せています。

A

花材：睡蓮、けむり草、縞ふとい、日々草

B

花材：ジニア、みしまさいこ、雪柳、オクロレウカ

教授者印	要　点	花　器	素　材	年　月　日

感　想

造形美

作例A

細い線のベアグラスを丸めて輪を作りました。花材のしなやかさが感じられるとともに、自然界では見られない三つの円の重なりが、アスターの愛らしさを引き立てています。

作例B

折り曲げたオクロレウカをいくつも重ねることで、鋭角が作り出すシャープな印象が強調されました。花器の形を生かし、全体をななめの構成でまとめています。

A

花材：アスター、ブルースター、
ブプレウルム、ベアグラス

B

花材：オクロレウカ、ぼけ、アンスリウム、
ブルーキャッツアイ

教授者印	要　点	花　器	素　材	年　月　日

感　想

生活雑器を使って

作例A

身近にあるティーカップは、花器として使いやすい大きさと形です。花留に吸水性スポンジを入れ、カップの色や模様に似た花材を使うだけでかわいく仕上がります。

作例B

ペン立てや歯ブラシ立てを花器として活用します。中に小さなプラスチック容器を目立たないように入れ、そこに花を入れることで、普段の用途にも使えるようにしています。

A

花材：ビオラ、花とうがらし、るり玉あざみ

B

花材：ひまわり、バラ、アレカヤシ

教授者印	要　点	花　器	素　材	
				年 月 日

感　想

花器を使わない自由花

作例A

カラフルなメモブロックを使います。紙一枚一枚をパンチで穴を開け、そこにプラスチック製の細い水入れをセットして水を入れられるようにしています。

異質素材を使って

作例B

ビニールコーティングされた針金を使うことで、植物の持つ優しい表情が際立ちます。また、針金の曲線が、作品にリズム感を生み出しています。

A

花材：ガーベラ、シレネ、べんけい草、アゲラツム、ベゴニア、ヒペリクム、縞ふとい

B

花材：ポピー、オクロレウカ、アイビー、都忘れ、グリーントリフ

教授者印	要　点	花　器	素　材	
				年 月 日

感　想

釣り花

作例A

ヤシの葉柄にひもを付けることで釣り花器としました。置いた作品と違い、浮いた感じが自由花の表現を豊かなものにします。

作例B

釣り花器同士をつなげてモビールとしています。一つが動くと、全体が前後左右に揺れ、どこから見ても楽しめる作品となります。

A

花材：日々草、われもこう

B

花材：山しだ、てっせん、バラ

教授者印	要　点	花　器	素　材	年　月　日

感　想

掛け花

作例A

タペストリー型の作品です。土台となる布地や器などを工夫することで、いろんなパターンの作品制作が可能です。

作例B

レリーフ型の作品です。額のような土台を自由に構成します。タペストリーもそうですが、掛け花は作品の背後にスペースがないので、草木を前に出す形となります。あまり張り出し過ぎたり、重過ぎたりしないようにしましょう。

A

花材：ハイビスカス、オンシディウム、カラテア、せきしょう

B

花材：ミニアンスリウム、セイロンライティア

教授者印	要　点	花　器	素　材	年　月　日

感　想

ミニチュア自由花

作例A

狭小空間に合わせたミニチュア作品です。たての構成で小さいながらも伸びやかさが表されています。

作例B

よこの構成としたミニチュア自由花です。ミニチュアゆえに部分の美が強調されます。小さな中にも大小の変化を考えましょう。

B

花材：バラ、オブリザツム、ラビットファン

A

花材：南天、ミラ、松、ゴールデンスティック

教授者印	要　点	花　器	素　材	年　月　日

感　想

投入・盛花について

投入・盛花は、型に沿って稽古するため大変学びやすいものです。しかし、草木美を「いける」という観点からは、型があることにより自然が創り出した個々の草木の美しさを素直に捉えられなくなるという傾向もあります。

投入・盛花は、近代における生活様式の変化と多様化に適応するために、生花正風体の「真・副・体」を活用して考案されたといいます。従って、いけばなが始まった当初から存在する自由ないけばなとは異なる誕生背景を持つといえます。しかし、その表現や構成は、自由花の多様な表現の一つである写景的、自然的な表現傾向のいけばなと似ていることがあります。

ここで大切なのは、自由花は投入、盛花から生まれたのではないということ。そして、いけばなの始まりから存在する「草木に思いを託し、自由に生かすいけばな」が原点であるということです。

これまで述べてきたことは「いけばな池坊自由花入門カリキュラム」※で、よりわかりやすく順序立てて学習することができます。また、同カリキュラムは単に初心者のためだけのものではなく、現代における自由花の基礎を教授する立場の方にも活用していただけます。

本書を入口とし、「いけばな池坊自由花入門カリキュラム」もご活用ください。

※「いけばな池坊自由花入門カリキュラム」については池坊総務所・教務課にお問い合わせください。